창비시선 135

심호택 시집

최대의 풍경

창비

차   례

제1부   최대의 풍경

제2부   추위도 없는 이 겨울은

제 3 부   외지의 봄

제 4 부 빈자의 개

제 5 부 먼 불빛

제 1 부

최대의 풍경

처음에는 자전거를

여기 와서 처음에는 자전거를 탔지
소라산을 넘어 학교에 갔지
면서기라고들 하지만
면서기가 어때서, 건방진 소리
고개를 넘기 싫은 날은
들판을 가로질렀지
퍼렇게 썩은 물도 뒤따라왔지
썩은 물아 흘러 흘러 어디로 가니
왜 그러니 만경강 죽여주러 간단다
바람결에 노래도 들리는 듯
가을이면 농부들의 추수
거두지 않을 수 없어 거두어갔지
빈 들판 달리면 허전하였지
마음에 구멍이 뚫린 듯
마구 기쁘다가 슬프기도 하다가
그래 어쩌자는 것인지
아 그때는 자전거로 다녔지

가만 있자 그러니까 한 대 두 대 세 대
처음 두 대는 도둑맞았지
지독한 놈들
그 단단한 쇠줄을 끊고 가져가다니
마지막 타던 것은 어쨌더라?
수위아저씨 드렸구나
원불교 열심히 믿는 분이지

자세히 보아라

대낮 여관에 드는 일도
선생의 책무란다

학생들 이끌고
계룡산 밑 삼일여관 남향 방 드르륵
창문 열어젖히니
번쩍 !
앞산 골짜기에 박힌
지난 겨울 얼음장 빛나는 수정이다
긴 겨우내
바윗덩이와 한통속이던 것
송곳 끝인들 범할 수 있으랴
그러나
자세히 보아라
반쯤은 녹아서 벌써 물이다

무엇인가

쓰러지고서야 봄이 온다
나는 그 순환을 응시한다

옥정리 가는 길

이광웅의 무덤

사람을 좋아한 그는
먼 산속으로 올라가지 않았다
그냥 알 만한 동네
사람들 왔다갔다하는 밭머리에 누워 있다
겨울 지낸 봄똥 나부랭이
술안주로 쓸 만한 것
머리맡에 잔뜩 거느리고, 봄이라고
어느 놈은 장다리꽃도 훌쩍 피워올렸다
형님 우리들 왔습니다──
애꿎은 감옥살이 함께 산 덕분에
정들대로 정들어 한몸이던 사람이
술 한잔 넘치게 따르고
자기도 한잔 마신다
꿀꺽 !
봄하늘에 구름 한점 떠간다
겨우내 얼부푼 뗏장 손질해야겠구나
찔레순 움트는 골짜기 뒤져

진달래 한주먹 꺾어다 술병에 꽂으니
고와라
바로 그 마음결 살아오는데
형님 우리들 갑니다——
봄더러 거기 지켜 섰으라 해놓고
털렁털렁 떠나온다

빈집 구경

남의 집 마당에 슬그머니
들어서는 느낌은 뒤가 구리다만
말이나 되는가
도둑이라니
여기는 아파트가 들어설 자리
주인이 팔고 떠날 때 개도 따라갔다
영문 모르는 장다리들 서 있고
지킬 것 쥐뿔도 없는데
탱자울 가시만 저희끼리 살기등등
포크레인은 언제 오나
와서 이 집의 귀퉁배기를 두어번 후리고
옆구리를 찍으면 끝장인 것을
쓸 만한 것 없나 둘러보니
있다, 개밥그릇
누구네 집에서는 몇해 동안이나
고려자기에 개밥을 담았다지 않는가
가슴이 내려앉다 말고

아서라 누구 좋으라고

이게 그냥 사기주발 아니겠는가

참새떼 시끄럽던 개집께

궁금한 넝쿨장미가 내려왔다

마지막이라고

가쟁이가 찢어지게 보리똥이 익었다만

생각이 없다 나는

아무거나 따먹지는 않는다

거짓말처럼 봄이

대지는 초록빛
원피스의 마지막 단추를 푼다

잎새들 사이
버찌가 익어
까만 브로치들 반짝이고
꿀벌이 교실에 들어와 붕붕거리는
유월은 눈이 부시다가
아프다

거짓말처럼 봄이 갔어
산다는 건 다 거짓말이야
거기
누군가 있어 중얼거리지만

아니다
삶이란 별나게도 참다운 데가 있어

거짓말처럼 떠나간 봄이

어느날

고스란히 돌아오리라

자선원 1

돌다리도 일주문도 없는 곳
원불교 자선원에서
토마토 사갖고 나오는데
모르는 사람이 인사한다
어딘가 몸이
말을 잘 듣지 않는 듯한 사람이
마당 쓸던 빗자루 멈추고
합장하고
머리 조아리며 웃음짓는다
형제여 너는 누구냐 내가 알지 못하는
그러나 우리들 어디선가 너무 많이
벗이 아닐 수 없다가
오늘 고단한 몸으로 다시
그런 반가움에 가슴이 마구 뛰는가
하지만 형제여 나는
발등에 불덩이가 못내 뜨거워서
신도가 아니란다 계율을 잘 몰라서

나팔꽃 벙글어 찬란한

유월의 아침이 부끄러워서

얼른 맞절하고

너희네 마당을 빠져나온단다

자선원 2

자선원에서
일하는
몸이 아픈 게 틀림없는 사람이
절룩이며 쫓아와
내가 사놓은 오이 두 관
차에 실어주겠다 한다
그럴라면 그러소 몇살인가 물으니
열일곱살이라고 하지만
아무래도 아니다
서른일곱이라면 혹시 몰라도
손으로 벌레 잡고
풀 뽑아
독한 약 안 주고 이 농사 지었다고
물건을 실어주며 대견하다
담배값 쥐어주니 다시 대견하다
딴 생각 없으면서
오로지 거룩해라

애들 같은 사람들 모여 농사짓는
그 집이 어디냐고
물어 물어 놀러 온
하늘나라 햇살이 눈에 부시다

유성을 지나며

네가 산다는 서울에서
어젯밤 적잖이 마셨다 나는
지금 남쪽으로 내려간다

차 안에서 바라보니
해 넘어간 계룡산 언저리
불그스름한 술기운 아직 남았다

저 아래 동학사 있지
사철 부지런히 물 흐르는
골짜기 있지 단풍나무 아래

너하고 앉아 있던 자리
나뭇결 본뜬 시멘트 벤치까지
생생하게 떠오르는 그림들

덮는다 그만 저 산 어디쯤

흩어져 구절초로나 피어 있을
네가 가져가고 소식 없는 그날들

회문산에서

붉은 여뀌밭에 뱀이 죽어 있다
왜 ?
모른다
누구나 한번은 당하니까 나도
시방 죽은 조상을 만나러 가는 길 아닌가
아직도 한참이다
그 어른도 참
생전에 자그마치 꾀까다롭더니
죽어서도 꽤나 높은 데로 올라가셨지
한사코 기를 쓰고
그야말로 저 높은 곳을 향하여
하지만 명당은 명당이다
추석날 비가 오면 안 가도 그만
설날 눈이 와서 못 가도 그만
서로서로
곧잘 양해가 이뤄지기도 하니까 어떻든
이곳을 찾는 기특한 발길이

언제까지 이어질 수 있단 말인가
산 자마다 발등이
뜨거운 판에 보장이란 없는 것
이번엔 비는커녕 날씨가
어느 세상에서 빌려온들 이리도 째지겠는가
등성이에 올라 땀을 들이는데
가을은 가을이다 저 아래
다리 밑을 지나는 물빛이 다르고
어디선가 알밤 떨어지는 소리
들린다 정신 좀 차리라고
도라짓빛 하늘이 사람을 빤히 내려다본다

서리 올 무렵

낼모레 눈이 온다는데
화단 귀퉁이에는
구슬만한 토마토 몇알
이제야 매달렸다
노루꼬리만한 해를 붙들고

누구더러 지켜보라는
가혹한 비유인가
나는 저 한해살이풀에 대하여
지난 여름의 방탕과
게으름을 탓할 수 없다

다만 주제넘게
가시처럼 걸리느니
언젠가 감 따는 일을 거들어드린
여든이 넘었다는 그 노인은
중학생 된 딸 하나가 있다고

인간의 뜰

지구상에서 푸르름이
영영 사라지는 날이
올지도 모른다고 한다

풀과 나무도 마음이 있어
한줄기 산성비에도
죽음의 낌새를 느낀다고 한다

비애여
맨가슴으로 눈비에 젖고 있는
인간의 뜰이여

최대의 풍경

청년 발레리는 스승을 따라 들판으로 갔다
스승은 아주 소박한 꽃들을 꺾었다
수레국화와 개양귀비를
불 같은 대기의 정적 속에서 한아름씩이나
그리고 스승은 제자에게
조숙한 여름이 노랗게 물들이기 시작하는
평원을 보여주며 말하였다
보세요, 가을의 첫 심발이 대지 위에 울리는 것을——
가을이 왔을 때 그러나
스승은 이 세상에 없었다
뽈 발레리의 『바리에떼』에서 읽었거니와
내가 마음의 스승을 찾아간 날은
어느 숨막히는 가을날
말없이 뜰을 거닐던 그는
손을 들어 먼 산줄기를 가리켰다
보세요, 저기 차령산맥을——
저와 같이 내달려 마침내 고군산으로 빠지지요

거기 몇 개의 섬을 이루지요

이십세기 수백 수천의 시인 가운데

발레리를 비롯한 몇 사람이나 살아남겠으며

그러니 어찌 무서운 일이 아니겠는가

나이 육십에 나는 문학을 새로 시작하지요

잠자코 그의 말을 들으면서 나는

바라보고 있었다 저 멀리

운무에 싸인 푸른 능선들이 남으로 가고

부끄러움에 눈을 떨구니

벚나무 잎새가 발등에 와서 닿았다

제 2 부

추위도 없는 이 겨울은

등   산

등산복을 차려 입고도
산에는 오르지 못했다고 한다
올려다보니 막막해서
노래 속에 나오는 새벽 토끼마냥
샘물만 떠먹고 왔다고 한다
술이나 한잔 하자고
쥐포를 씹으며 그는 말하기를
세상이 슬퍼졌다고 한다
이제는 자지가 스지 않는다고
써먹을 데야 있든 말든
그것이 잘 서주면
우선 세계관이 달라진다고 한다

왜 아니겠는가
아
읽지 못한 책들이여

문   안

자네들은 왜

나보다 내 자동차의 안부가 더 궁금한가

차를 안 바꾸는 내 속을 모르겠다는

자네들 속을 나는 모르겠네

그리 못하네 나는

미안해서도 못하네

자갈밭 진창길 가자면 언제고 달려가던 것

숲이건 냇가건 낯선 여관 앞이건

밤이슬 맞으며 기다리던 것

멀쩡하다네 아직

아무데도 아픈 데 없다네

실컷 부려먹고 나이 좀 먹었다고

이제 와서 그리는 못하네

차가 죽으면 그때나 생각해볼까

대학의 이름으로

대학의 이름으로 부끄럽지 않은가
애당초부터
톱질과 도끼질이 가당했던가
우리네 교정의 가장 쓸 만하던 귀퉁이
그 미루나무숲이 사라졌다
늙은 선생들과 나이를 겨루며
젊은 학생들보다 더 오래
살아서 생명의 기쁨에 물결치고 싶었을
그 아름드리 나무들이 쓰러졌다
이를 두고 단 한마디
물음과 대답이 오간 일 없으니
이 학교의 주인은 누구란 말인가
자
시멘트반죽 차례다
욕심껏 쏟아부어라 까치집들 떠 있던
하늘의 숨통을 틀어막은 다음
그 자리에서

학문과 도의를 닦는 동시에
인류의 번영과 평화를 도모해보겠다고?
어림없다 그보다는
저 미루나무들의 무참한 멸망과
내쫓긴 새들의 운명을 생각할 줄 알아야
그게 사람이다, 이를 두고
한점 슬픔이 없고서야
인간의 이름으로 부끄럽지 않은가

어른과 아이

저렇게 세상을 몰라서야——
하면서
노상 내 처지를 동정한다는
어떤 어른이 찾아왔다
목에 힘주고
회의에 참석하러 가자고

나는 공손히 맞는다
그러면서 속으로
회의?
싫소!
각본 미리 다 짜놓은 것
누가 들으면 정말 무슨 회의나 하는 줄 알겠소

고로쇠단풍

화분에 심겨 우리 집에 팔려온
고로쇠단풍나무
어디서 왔는지도 모르는
쪼그만 놈
또 한해가 저물어 빈 밭에 서리 오고
북녘 어딘가는
첫눈도 내렸다는데
단풍놀이 못 가본 우리 식구들 보라고
제법 곱게 타오를 줄도
알 것은 다 아는 놈
됐다 이제 그만 들어가자
하지만
된서리 무서리 두어 차례
어둡고 추운 밤 더 참아 견디고
너 튼튼한 나무 되려면

무   주

거기서 쫓겨난 놈들은
어디서 이 겨울을 견디는가
무주, 하면 구천동
속세를 따돌린 골짜기를 온통 제압하는
귀 시린 물소리부터 떠오르던
그 땅이
버렸다 이제는
악성바이러스 불치의 종양으로 그들먹하다
그날이 도둑처럼 속히 와서
이 고장은 올겨울도
무주에서 스키를 즐기고
멋들어진 하룻밤을 보내야 중산층인데
부끄러운 마음 하나 달랑
때없이 그곳으로 달려간다
거기서 죽은 것들과
굴을 빼앗기고 내몰린 놈들 곁으로
그 산천의 수달과 올빼미와

은어떼와 개똥벌레를 찾아서
이 순간도 우지끈 쓰러지는 소나무와
주목과 구상나무 사이로
상한 마음 혼자 헤매고 있다
어서들 불러오자는 겨울 유니버시아드
안된다 그 장삿속에
거기서 쫓겨난 놈들은 어디로 가는가

예 쎄 닌

잎 지는 느티나무 동산
번역시화전에서
갈라진 목소리 하나 따라왔습니다
어머니, 낡고 해진 옷을 입고 거리로 나오지 마세요——
그 늙은 어머니의 거리에서
푸르스름한 북국의 저녁 어스름이
따라와서 앞을 막았습니다

목숨 있는 동안 진보를 꿈꾼
당신은 쫓기던 시인
조국을 찾아 가시밭길이 다한 곳은
기도하며 기다린 어머니의 다사로운 품이던가요
그 영광과 비애를 이끌고
숨가쁜 금세기가 저무는데

여기
당신과 더불어 그 이름이 떠오르던

또 한 시인이 죽었습니다
남루를 입고 해거름에 나선 어머니의
온갖 소망 따위 뿌리치고
조국으로 가는 길은
시인의 일생으로 너무 멀었던가요
발 밑에 얼음조각이 쇠사슬 소리로 구르는
이 엄혹한 추위 속에

저 아이가 당신의 딸인가

저 아이가 당신의 딸인가
책가방을 짊어진 저 아이는 그런데
왜 저러고 서 있는가
우두커니
일하는 엄마를 바라보고만 있는가
술을 파는 엄마는 아직 젊고
고웁기만 한데 이 집에서는 모든 일이
쉴틈없이 돌아가는 게 안쓰럽고
무엇인가 안타까운
느낌이 함께 있는 밤
손님들은 다급한 반말로 주모를 찾고
손 바쁜 여인은 곧잘 두서를 잃고
그래 쩔쩔매고
여기저기 술 취한 큰소리들
한데 끌어안고 밤은 깊어가는데
민들레 씨앗처럼
무엇인가 안타까운

느낌을 퍼뜨리면서 저 아이는 아직도
어쩌자고 저러고만 서 있는가

이런 주말

18시 30분을 달리 말하면?
이 시계는 2000분 후에 몇시 몇분?
그따위 문제 애들하고 풀면서
아내는 복장이 터진다
머리 안 돌아가는 것까지 어쩌면 이렇게도
구시렁구시렁
그 다음은 안 들어도 알지
내가 죄인이다
그러니 이제 와서 어쩌란 말인가
거 참, 애들 시험문제라지만
쉬운 건 쉬워도 어려운 건 골머리 아프구나
나중 문제는 생각하기도 싫구나
나는 안방에 드러누워
한심하다 이 나라 교육정책 탓하다 말고
엊저녁 그 일을 되씹어본다
그 괘씸한 배신의 전말을
솔직히 우리도 18시 30분에 만났지

일이 잘 풀려 만사형통인가 싶었지
그런데 그만
이 무슨 꼴인가
밤길에 사람을 세워놓고 사라지다니
딴 데로 놀러 가버리다니

추위도 없는 이 겨울은

방학중에 연구실 지키기
누가 보면 썩 대단한 일이건만
열심인 것은
치열한 것은
주전자 속에 아우성치는 저 물소리뿐
책보다 술이 더 좋은
공부농사야 진작에 물꼬를 텄다 치고
가만 있자
두번째 시집은 어쩐다?
그 정든 앞개울을 건너겠다고
첫 시집 끝에 적었다만 건너고 보니
갈 데도 마땅찮고
그뿐인가
해묵은 빚쟁이 뽈 베를레느 그 친구
100번째 제삿날은 다가오는데
평전이라도 써본다는 게 세월만 가지 않는가
막막하구나

캠퍼스와 동네가 한통속이라

마을 사람들이 드문드문 지나간다

어떤 아이는 울면서 간다

추위도 없는 이 겨울은 무엇이 아름다운가

집에서 전화가 온다

점심은 어쨌느냐고

딴 데서도 속없이 전화가 온다

언제쯤이 좋겠느냐고

비겁한 짓은 하지 않습니다

대선이 끝났다
새해가 왔다
심야의 텔레비전 앞에 나는 앉아 있다
웬 못 보던 녀석이 등장하여
두목쯤에게 말하기를
저는 절대로 비겁한 짓은 하지 않습니다——
누군가 하니 옛날의 깡패다
비록 김두한이가 두렵지만
뒤에서 찌르지는 않겠다고 한다
벌써 옛날이다
창밖은 칠흑의 어둠
이 환멸의 세월을 어디로 끌고 가자는
눈먼 겨울비냐
저 손아귀에 치렁거리는
쇠사슬 소리만이 거룩하고 참다운
계유년의 밤이다

제 3 부

외지의 봄

우리들의 학교

유신 시절 강제휴교 때
광주에 놀러 갔다 친구에게 이끌려
보고 싶은 사람 있으면 거기
무작정 서 있으면 만날 수 있다던 충장로
연인의 품속 같은 거리엔 때마침
눈발이 날리고 있었다
지나간 날들을 슬퍼하는 듯
어루만져주는 듯
쓰라리면서도 포근한 눈이었다
그 뒤
나는 잊지 않았다 그러나
눈 내리던 그 거리말고
광주의 추억이 또 있느냐 물으면
말했으리라 생각나는 게 별로 없다고
얼마 안 있어
역사의 나쁜 강물이 와서
그곳에 우리들의 학교를 세워놓지 않았다면

하필이면

그 광주에

아비된 소감

5공 8년에 하나 쓸 만한 일
야간통금 걷어치운 일
그나마 숨통이 트였던가 우리들
불쌍한 동업자들
얼마나 마셨던가 얼이 빠져 있던
그 밤중에 소식을 들었다

쏟아지는 새벽잠 떨쳐내고
기쁨 반 두려움 반
고속버스에 흔들리며 내려온 아비는
소독냄새 덤벼드는 대학병원에서
가소롭기 짝이 없는
네 모습을 처음 만났다

꽃잎처럼 금남로에……
꽃잎처럼 금남로에……
떨어진 넋 하나 찾아왔던가

봄비가 최루가스 쓸어간 교정에서
쓸려가지 않는 그 노래
아우성으로 들려오던 날

너는 태어났다
남녘땅
역사가 된 노래가 흐르는
노래가 된 역사가 깃드는
도무지 5월이 가지 않는 교정에서
아비는 그렇게 너를 만났다

굽어보는 자는 비겁하다

하늘이 드높아 답답한 날은
분필가루 털고 나와
어슬렁 주월동 뒷산에 올라갔다

뱀들이 허물벗은 무덤가에서
혁명을 꿈꾸는 아름다운
도시의 한자락을 굽어보았다

굽어보는 자는 비겁하다 ──
사팔뜨기 철학자가 얼굴 찌푸리는데
억새밭이 진짜 멋있어요 ──
웬 간드러진 목소리

저 아래 어린것들 노니는
아파트단지 장난감처럼 보이고
피멍든 역사의 뒷덜미도 가물가물

그 산바람보다 더
서늘한 것이 가슴을 휩쓸었다

황금동의 뱀

광주의 심장부 황금동에서
뱀쇼를 보았다
부끄러운 데만 가린 미모의 조련사가
궤짝을 무대에 내동댕이치면
굵은 놈들 가는 놈들 기어나오지만
겁날 것 없다
날 잡아잡수라고 양순한 그놈들이
여간 신통한 게 아니니까
온갖 재간으로 놈들을 희롱하던 여자가
저런! 이번에는
빤쓰 속에 한 마리
부라자 속에 한 마리 심지어는
입에도 한 마리 쑤셔넣는다
그런 다음
큼직한 놈 하나를 목에 걸치고
주당들 사이를 마구 비집고 다니지 않는가
질겁을 하는 사람

박수갈채 하는 사람
어쩌다 여자의 사타구니 속에서
숨막혀 고개를 내밀던 놈도
노련하게 얼러주면 쏙 들어가고 만다
일순간 정신이 아찔한데
곁에서 누군가 일러주기를
아예 모조리 이빨을 뽑아버렸다고
그러면 그렇지
이빨이 없다는 그놈들이 끝내 가여웠다
광주의 심장부 황금동에서

서정시와 서사시

매월 한번 '전체교수회의'
체육관 마룻바닥에 서서
빨리빨리 움직여!
영감 뭐하고 있어!
스포츠머리 체육교수가 노교수를 떠민다
'어른'께서도 거드신다
줄이 왜 비암같이 삐틀삐틀혀!
웬만큼 정돈되면
차려! 경례! 바로! 편히 쉬어!
일사불란
오늘 이렇게 여러분을 뵙자고 한 것은……
저기 움직이는 게 누구여!
사이
웬만큼 화가 풀리면 어른께서는
사람은 문학을 알아야 돼!
문학에는 서정시와 서사시가 있어!
내 말 틀렸나 문리대 학장 대답혀봐!

지당하십니다요

은발의 학장님은 생물학자

물러터진 그 노인은

연설할 때 이렇게 시작하는 분

봄이 왔습니다요 ——

파충류와 양서류가 깨어나고 있습니다요 ——

나는 그곳을

나는 그곳을 떠나고 싶지 않았다
어리석은 삶의 여러 일들이
그러나 나를 가만두지 않았다
서석동 가파른 층계 오르내리기 5년 만에
끝내 보따리를 쌌으니
이제 와 무슨 할 말 있으랴만
위대하다는 그 도시에
다시는 가보고 싶지도 않다
사랑했기에
남몰래 빠져든 세월이었기에
오늘 그곳의 너무 빠른 변화만이
그저 막막한 슬픔이다가
이런 생각이 불쑥 떠오르기도 하는가
한번은 어느 강연에서
법정이란 분이 그랬다, 여러분!
저 무등산이 여러분더러 뭐라고 하겠습니까!
변화는 필요한데 광주땅에

느는 것은 술집과 여관이라고
전국에서 으뜸이라고
그랬다, 버들붕어 한마리 없는 광주천에는
올봄도 봄풀이 푸르르겠지
미친년의 머리칼처럼이나 어지러울
거기 사직공원 연둣빛 신록이 떠오르면
그 일 하나로도
마음은 소리쳐 울고 싶은데

외지의 봄

창문을 들이받는 꽃샘바람
너는 무엇이 분하냐
휘파람 같은 네 신음소리에
떠오른다 죽어나는 형제들 웃음 잃은 얼굴들
찰거머리 군사독재 아래
오는 봄 반갑지 않다 울고 있으리

해묵은 홧덩이 하나
구역질 앞세우고 겨울잠을 깨는가
온몸이 가렵고 쑤시고 아프다
냉이 한주먹 구할 데 없어
씀바귀도 시금치도 아닌
오늘은 낯선 푸성귀를 삶았으니

그 쓴 푸르름 삼키고
벌받은 탕아처럼 홰에 오르면
아득히 고향쪽

물결치며 달려오는 청보리밭 한자락 !

푸른 불길 번진다

가렵고 쑤시고 아픈 몸을 사른다

베를레느 모자상

데까당의 아비
시인 중에 시인이라는 것이여
일찍이 음악에 눈뜨더니
갈보집을 밝히더니
모진 바람 따라서 가겠다 벼르더니
술을 알고부터 취하면 일삼아서
에미의 팔을 비틀었지

집 나가 소식 없던 애물단지
거렁뱅이로 기어들어 술주정 부리는 날
이 거리 저 골목
숨을 곳 찾던 늙은 홀어미
고집불통 자식놈 불거진 머리통을
죽어서도 떠받치고 있네
다 늙은 철부지 홀아비 자식에게
번갈아 아내 되어준 행실 나쁜 것들도
끌어안고 있네

개도 사람도 무심히 스쳐가는

뤽상부르공원 모퉁이 베를레느 모자상

비둘기똥 눈비 흘러

줄창 울고 있네

저승길 백년쯤 가봐도

사나웁던 풍랑몽 그치지 않는다고

시인 중에 시인이라는 것이여

쌩드니숲

그대여
쌩드니숲으로 갑시다
눈 내리는 그 숲에

그러다 감기 걸리면 어쩔라고 ?

그 겨울은 시렸다
그러나
산문도 섞여 있다

유 리 마

화성에서 왔다는 그대
언젠가 화성으로 돌아간다는 그대
어쩌다 그만
미스프랑스 출신 아내에게 버림받았구나
처가에서도 신용 떨어졌구나
1985년 여름이던가
빠리 서북쪽
동포네 식당에서 접시 닦는구나
화성 갈라카믄 똥구녁이나 잘 닦아 이 자슥아!
그런 소리 듣고 있구나

아
머나먼 별을 동경하는 마음 하나
저자에서 밟히고 있음이여

식민지 출신

마로니에 병색이 짙어 아름다운
이 땅은 어제도 오늘도
당신들의 종주국
용하게도 당신은 청소부가 되어
오렌지색 작업복을 입고
기약 없는 찬비에 막무가내로 쏟아지는
낙엽과 싸운다

여기가 당신의 구역인가
하지만 당신은 너무 느려터졌다
게으른 로보트처럼
빈 껍데기 껑충
여러 식구 먹여살리는 무표정 속에
드리운 것은 군화자국
할퀴고 지나간 발톱자국

고난의 식민지가 도처에 깔린

문명되었다는 20세기

저무는 늦가을

이역의 까페

의붓자식 같은 한반도가 어른거려서

이 거짓말 같은 자유의

비린내 밴 공기가 나는 싫다

개 똥 밭

쎄느강변
에펠탑 아래
라일락 숲속
거기 숭악한 개똥밭이다

너하고 앉아
별하늘 쳐다보다
입맞추고
돌아와서 빨래 빨았다

잘 가거라
슬픔의
환희의 강물

멀리
저 멀리
사라진 물결

제 4 부

빈자의 개

그리운 식민지

넓고 넓은 바닷가에
오막살이 집 한 채

많은 세월이 흘러갔다네
이제는 노래가 달라졌다네

철모르는 아버지와 고기 잡는 딸 하나——

수 유 리

기나긴 장마비 올 때
그 빗길 떠오르네

서울의 북쪽
수유리
기나긴 장마비 올 때

사랑한다고
또렷이 말하고
어린것은 빗속으로 달아났지

모두 안다고
알고 있다고
기나긴 장마비 올 때

빈자의 개

정치적으로
경제적으로
사회적으로
도적놈들 등쌀에 집안 살림이 갈수록 엉망이라
마당 없는 집으로 이사가면서
개 한 마리 귀엽고 영리하던 것
이웃에게 건네준 것 생각난다

우리들 다정하던 오솔길
도둑촌 집터 닦는 붉은 언덕배기
그놈하고 마지막으로 올라가
우악스런 불도저 일하는 것 구경하다가
변두리 하늘 한번 기념으로 둘러보고
털렁털렁 내려오던 일

해바라기랑 아주까리 익어가는
널찍한 마당 쏟아지는 햇살 아래

세상을 만났다 날뛰던 그놈
때리지 말라고 새 주인에게
다짐 받고 돌아서던 일

하늘 새파란 이사철이면 생각난다

동 해 안

춤추던 그 물결이
푸른 쇠스랑을 치켜든다

어떤 아이하고
자두색으로 몸을 태우다
신물이 나서 돌아오니
더위 먹어 쇠잔하던 어머니

진작에 돌아간 걸
그 하늘 어디쯤
피어오르던 정염의 구름이랑
저 피어난 그 하늘가
푸른 바다 언저리에 흩어질 때쯤

오갈 데 없던 모래톱 하나
저 혼자 남아 화석이 된 걸
찍어 넘기자고

산산조각 내자고

때아닌 그 물결이
푸른 쇠스랑을 치켜든다

기막힌 대화

갈치나 꼴뚜기나 어리굴젓 사시오——
부르짖으며 가파른 층계 오르는
그 소리 들으셨지요?

………

콩나물장사로
자식 여럿 공부시켰다는
장한 어머니 얘기 들으셨지요?

………

연탄가스 떠도는
셋집 차가운 대청마루에서
자식이 어미를 다그치던
그 소리와
그 소리 끝의 말없음이여

이 세상 다하면
무덤 속까지 따라오리라

홍 당 무

형언할 수 없는 빛깔이
내 안에 남았습니다

그날이 도둑처럼 오는 줄 모르고
밤마다 만취가 되었다가
아침이면 황급히 옷을 꿰고 나갔지요
제발 한술 뜨라거니
생각이 없다거니

술로만 사는 자식에게
이른 아침 갈아주던 홍당무
떠나시던 날인들 왜
대청마루에 놓여 있지 않겠어요

산역을 마치고

목매기처럼 철없던 봄날
어미를 잃었습니다

방종의 세월도 거기
회문산 기슭에 묻었습니다

저만을 위해 사는 세상 아니라면
이제는 누구를 위해?

산나물 돋아나는 길섶에서
무수히 돌아보았건만

용서한다는 한마디는
끝내 듣지 못했습니다

레밍턴타자기

스무 해 전쯤 내가
은사님 연구실 지키고 있는데
외환은행 무슨 부장인지 찾아왔다
직원들 시험지 만들자고
내가 토닥거리는 타자기를 지켜보더니
그가 말하였다
이것이 바로 그 물건이라고
너무 튼튼하게 만들어서
고장이 안 나서 안 팔려서
망해버린
레밍턴사 제품이라고

충무로 티롤

당분간 딜레마라던가
뭐라던가
소설가 송영씨가 노총각으로
충무로 '티롤'에 날마다 앉아 있던 시절
나 또한 당분간 실직이라
그 옆에 붙어앉아
이것저것 끄적거려 보여주었다
되지도 않은 소리
한번은
'솔직히 말해서'라고 제목 단 것을
건네주고 평을 청하니
이 양반 원래 만고강산이라
커피 한잔 찔끔찔끔 오래도 걸려 마시고
담배도 한대 길게 피우고
입맛을 몇번 다시더니 한다는 말씀이
솔직히 말해서 별로 안 좋구먼——
옳았지 그는
소설뿐 아니라 시도 잘 아니까

김추록 선생의 양어장

경기도 광주군 퇴촌면
찾아갔더니
풀더미 시드는 가을 물가
난쟁이 코스모스 흩어진 자갈밭에
당신은 앉아 있더군요

외상으로 굴삭기를 빌려
근근히 마련한 양어장
장마통에 큰 놈들은 둑을 넘고
잔챙이 몇 마리 남은 걸
물새들이 자꾸만 집어간다고

지난날 벌농사도 그렇지요
하필이면 긴 장마에
동해바다 찬 기운이 골짝을 휩쓸고
화재를 만나 벌들이 죽고
당신은 화상을 입고

가도 가도 세상은 가시수풀

귀 밑에는 흰서리

손대는 일마다 힘에 겹다고

혼자 사는 움막께 빈 둠벙을 바라보며

당신은 그래도 웃고 있더군요

저 강물 건너

그런 일이 있었던가
늦더위도 물러간 시월 어느날
텅 비어 서러운 푸른 하늘 속
금산사 찾아갔던가

절 아래서 나물밥을 사먹고
일없이 목메이는 붉은 단풍숲
함께 걸었던가
어둠속에 영영 갈라졌던가

가을이란다 이 나라는
또 가을이란다
거짓말처럼 반짝이는 저 강물 건너
어디쯤 그런 일이 있었던가

이제는 없다

잔인한 세월

통나무걸상이 있던
그 술집
드나들었다

곰팡내
풀꽃냄새 같은 것
다정하던 곳

울면서 나가는 너를
붙들지 않은 곳

때로
그리우나
이제는 없다

무덤이 있는 풍경

그의 무덤은
호숫가에 있었다

낚시 금지

술병을 기울여
잔을 채울 때
어디선가 여치가 길게 울었다

이승인 듯
저승인 듯
적막한 대낮

짙푸른
짙푸른
풍경이었다

눈 보 라

고향으로 돌아가자
강추위 속에 강도 날뛰는
저자의 차바퀴에
더이상 몸을 더럽히지 말자
가자
쏜살같이
정든 사립문 앞에 달려가
마음껏 어루만져보자
머리로 받으면서 울자
모두 어디 가고 적막강산이냐고
날카로운 이빨로 울부짖자
이윽고
새벽이 와서
나 형체도 없을 때까지

제 5 부

먼 불빛

졸본 이남

그분이 뉘 집 어머니시던가
꿀 한 사발 팔아보자고
머나먼 전라도
서해바다 찰랑이는 데까지 흘러왔더라만
겨레의 미더움을 어찌 모를쏜가
마음 탁 놓고
낯선 마룻장에 짐 내리고 밥 한술 얻어 뜨고
문딩이자슥
문딩이자슥
못내 귀엽단 듯이 내 머리 쓰다듬어주던
옛날 경상도 아지매는
우리네 슬픈 어미가 아니던가
안동 청송 거창 함양
깊숙한 그 고을 잘 모른다마는
나는 믿는다 거기
마음의 어미 아비들 살고 있음을
또 나는 안다 조선땅 푸른 하늘 열린 뒤

언제

영호남 사람들

어디 어디 사람들 백성끼리

치고받아 웬수진 역사 없음을

그날의 평화

일찌감치 홰에 오른 닭들이
잠이 안 온다고 뒤척이는 소리

사랑방에선 들릴 듯 말 듯
잠 없는 할아버지 글 읽는 소리

아직은 좀더 익어야 한다고
달빛에 호밀냄새 번지던 마을

개척교회 예배 끝나고
잔잔한 밤바다에 띄우던 것은 또
뉘 집의 착한 작은 배였나

그 다음부터다
세월이 소스라치며 달아난 것은

투 명

가을날이었다
들판에 뻗친 흰 물줄기가 하늘에 닿아 있는
그런 날이었다
사람들이 나더러 내성적이라던
고등학교 2학년
내 자전거가 마을로 들어서고 있었다
가시내들 앞에 뽐내며
멋들어지게 커브를 꺾다가 그만
콰다당 넘어지고 말았다

먼 밭에서
어머니는 가슴이 덜컥했다고 한다
보이지도 않는 밭에서
녹두를 거두고 있던 어머니는
그 소리가 내 소리인 줄 알았다고 한다

군산중학교

나의 사월은 반드시
그 중학교를 거쳐서 온다
봄의 약탈자가 나타나기 전
초순 무렵 입학식날

산모롱이 벽돌집 학교는
웬 너울을 쓰고 있었다 알고 보니
왜인들이 심었다는 벚꽃이었다
하얀 꽃무더기 속으로
까만 새 교복을 차려 입은
아이들이 재재거리며 모여들었다

따사롭기가 봄바람 같은
준엄하기 서릿발 같은
선생님들을 만났다 무심한 철부지는
학교가 파하면 할 일이 없어
낮에도 하늘이 안 보이는 정원에서

숨바꼭질로 세월을 보냈더라만

나는 믿는다
오늘의 황량한 바람 속에
한톨의 사람다움이 내 안에 있다면
그때 거기서 얻은 거라고

별   종

오월 어느날
등꽃 향기 독하던 날
어린 조카놈의 코피를 터쳐놓고
얻어들은 말
집안이 망할라고 별종이 나타났구나!

커서 세상을 살면서
더욱 잊을 수 없다
나라가 망할라고 그맘때면 나타나
동족의 봄을 짓밟던 무리
일그러진 얼굴들 떠오를 때

누   이

과외공부가 있던 저녁
눈보라에 막혀
가난한 동무네 단칸방에 묵었다
자상한 어머니가 있었다
잠이 쏟아지는 우리를 깨워놓고
느그덜은 귀헌 애덜잉게 고실고실허게 자야지
그러면서
개자리 쑬자 ──
쇠자리 쑬자 ──
잠자리 쑬고 닦아준 다음
저만치서 꿍꿍 앓는 동무네 누이더러는
방이 떠나가라고
아 그 괭이 씹앓는 소리 좀 그만두지 못혀 !

그날 이후
왜 한번도 그 누이의 소식을 묻지 못했던가

남의 살

군산 금강횟집으로 낮술 먹으러 간 날
고선생이 생 난리 법석이다
그집 젓이 맛있다고
끝내준다고, 하지만
저기 해망동 어판장 내 친구가 봤더라면
이렇게 말했으리라
갈치속젓 그거 좋아헐 거 아니여——
알고 보면 드러워서 못 먹는 거여——

음식은 추억으로 먹나니
모두 기름기 기룹던 옛날 때문이다
춥고 배고프던 시절

곤쟁이젓 한점
그 잘난 것
밥숟갈에 얹으며 어머니는 말하셨다
남의 살이 뭔지

이것도 남의 살이라고

밥이 막 담박질하면서 넘어간다야 ——

당숙 의춘씨

아저씨 절 받으세요
그만둬 아픈 사람헌티 절 않는 거여
내젓는 손이 마른 등걸이다
하기야 80년이다

우리 집 제사는 새벽 제사라
그런 밤이면 할아버지 몰래 소근소근
줄창 화툿장 놀리던
그의 능숙한 솜씨가 부러웠다
봐라 손이 커서 그렇단다 자랑하던
그 소두방만한 손으로
주무른 것이 한평생 화툿장뿐이랴
꿈지럭꿈지럭
잠시라도 그치는 날이면 당장
목구멍에 거미줄 치는데
구들장 썰렁 식어버리는데

우리 집은 제사가 많아서
민화투 육백 따위 그 어깨너머로
나는 어려서 다 배웠다
진작에 끝내고 손털었다

장   마

그해 여름은
그 뭐이냐
비가 억수로 와서 막
홍수가 나서 막
온 동네가 물속에 철푸더엉 쟁겨버링게 막
황소 돼지 염생이 퇴깽이
오리 괭이 때꺼우 달구새끼
헐 것 읎이 막
나 살리라고 꽥꽥거림서 떠나려가는 판인디
아 그런디
가마아니 보고 있을라닝게
어디서 막
큰 구렝이 한 마리가 기어나오더니 막
저도 죽게 생겼응게 막
뽁대기만 간신히 나온 초가지붕으로 막
나 죽겄다고 막
기어올라가더라 이거여 ──

아 그런디
그 뭐이냐

잃어버린 말들

그들은 돌아온다 어느날
지친 탕아처럼
돌아와 문밖에 얼씬거린다

그랬던가
엄하신 할아버지 밑에 글 읽을 때
어머니가 거들어주셨던가
당신의 무릎에 나를 앉혀놓고
참새 세 마리 鳥三鳥三 ──
송아지 다섯 마리 五犢五犢 ──

자라서 코가 세어져서
말대꾸하다가 얻어들었던가
알지요? 하면
털 없는 쥐가 알쥐여 이놈아 ──
그러먼요! 하면
맹자 어머니가 글어머니여 ──

긴 세월을 헤매다가
그들은 돌아온다
와서 나를 꿈꾸게 한다

꽃불놀이

따닥따닥 탁탁
명절날 아이들이 화약을 가지고 논다
문득 떠오른다
옛날 서캐 터지던 소리
어느 세월에 일일이 손톱으로 해보겠나
호롱불에 슬쩍 갖다 대면
따다닥 탁탁 바로 그 소리
짜릿짜릿한 소리
듣고 있을 만하지 않던가
내 친구 소병국씨는 텔레비전에 나와서
장한 생각이라고 떠벌였다
이와 서캐가 발을 못 붙이게
그놈들의 은신처 솔기가 밖으로 나오게
속옷을 뒤집어 입자고
싱거운 사람
진작에 좀 말하지

나그네닭

미안하다

복숭아 참외막이면 몰라도
배고픈 이웃들이 좀 후벼가기로
고구마막은 또 뭔가
우리 젊은 머슴이 밭을 지키다가
아닌 밤중
횡재 만나 잡아먹은 닭

우리 집 닭들과 놀다가
저물어 닭장에는 따라 못 가고
뒤꼍 사과나무 밑
열매 시원찮던 그 나무 밑에 자다가
아닌 밤중
단매에 맞아죽은 닭

나승개밭

해님은
샛노란 비지땀을 흘리며
상기도 그 위에 떠 있다
목화밭을 지나
불무치 활활 날던 나승개밭

할머니 말씀은 노상
노다가 목마르거든 옥순네 집으로 가거라 ──
물으 한 그릇 청해 주시오 하거라 ──
그 말씀이 마냥 가소로웠다
해해해
싫어 싫어 청해 주는 게 또 뭐여!

상기도
해님은 붙박혀 있다
엿마지기 모퉁이
쪼그만 고수머리 옥순이가 살딘
다 기운 오막살이께

형에 대하여

일찍 죽은 형은
어린 나를 업고 나갔다가
들어와 마루에 쿵 내려놓으면서
투덜거렸다고 한다
이 병신은 왜 이렇게 무거운지 몰라——

남들은 우스개로 말하지만
나는 웃을 수 없었다
슬픈 것도 아니지만 어떻든
그가 살았으면 그럭저럭 노인축이다
이 잘난 세상에 살아 남았다면

먼 불빛

화롯가에 붙어앉아
물 건너는 개마냥 턱을 치켜들고
옛날얘기 듣던 밤
문풍지가 푸르릉 울고
양철 차양으로는 싸락눈이
싸르릉싸르릉 몰렸다
에구에구
이노무 강아지 기침으 하니 어쩌나——
그런 소리가 또 좋아서
할머니 눈치 살피며 콜록콜록
억지 기침도 짜내었던가
아득하여라 나어린 이마 어루만져주던
갈라터진 갈퀴손
담뱃진 노린내 잔뜩 찌든
다사롭던 그 손길

그 기쁨의 순간들은

도대체 어디로 날아갔나
그 기쁨의 순간들은

살구철이 지난 어느날
우거진 잎새 사이에서
얼핏! 샛노란 살구 하나 찾아냈을 때

고구마 캐낸 빈 밭에서
무심코 쟁기질 뒤따르는데
덜렁! 고구마 한 덩이 뒤집혀 나올 때

사정없이 가슴이 콩당거리던
그만큼은 아닐지라도
그만큼은 아닐지라도

기억의 뿌리를 향하여

김   종   철

　시인 심호택이 마흔이 훨씬 넘은 나이로 처음 시단에 선
보였던 작품들은 그의 어린 시절과 그때의 고향마을 사람
들과 자연에 대한 풍부한 기억에 뿌리를 둔 언어의 세계였
다. 그 세계에도 불화와 갈등과 균열이 없을 수 없지만,
그러나 그것은 근본적으로 인간 본연의 천진성이 훼손되지
않고, 인간과 자연 사이의 근원적인 교감이 아직도 어떤
형태로든 살아있는 세계였다. 그러므로 이러한 세계를 기
억하는 시인의 언어가 소박하고 따뜻한 휴머니티를 발산하
는 것은 당연한 일이었다. 그러나 별로 큰 소리나 격앙된
어조로 말하는 것은 아니지만, 그의 어린 시절의 행복과
평화의 기억을 통하여 시인이 궁극적으로 드러내고자 하는
것은 말할 것도 없이 오늘의 삶의 이 기막힌 불모성——
물질적 생활의 비할 수 없는 향상에도 불구하고 우리의 삶
과 영혼이 거의 회복하기 불가능할 정도로 파괴되거나 더
럽혀져 있다는 인식이다. 심호택의 이러한 작품들에서 우
리가 단지 감미로운 향수가 아니라 어떤 형언하기 어려운
비애를 느낀다면 아마도 그 까닭은 이제 그러한 행복과 조

화의 세계가 오직 기억 속에서만 존재할 수밖에 없다는 사실을 우리가 인정해야 하기 때문인지 모른다.

산업문화의 배타적인 지배력이 강화되고, 그와 함께 진행되어온 삶의 전체적인 붕괴 과정에서 우리는 이제 오직 문학과 예술 속에서만 인간다운 삶의 모습이 잔영으로나마 남아 있음을 발견하는 것이다. 그런데 문제는 어느덧 진지한 문학이나 예술작업에 있어서도 지금은 그것이 '기억작용'을 통해서만 삶다운 삶의 모습에 다가갈 수밖에 없게 되었다는 점이다. 과학기술과 지식과 정보의 엄청난 '진보'에 정확히 대응하여 인간과 인간적 삶은 극도의 위축을 강요당해온 것이다. 오늘날 이런 기초적인 현실을 고려하지 않는 모든 문화적 담론은 공허한 잡담에 지나지 않는다.

그러니까 '기억'은 오늘날 대부분의 사람들에게 있어서 인간다운 삶으로 들어가는 유일한 통로가 되었는지 모른다. 시인들이 기억작용을 통하여 '삶'의 재생을 꿈꿀 때 그것은 현실에 대한 우회적인 발언을 위해서가 아니라 그들로서는 진정한 작업을 위해서 거의 유일하게 주어져 있는 가능성을 붙잡으려는 노력이라고 할 수 있고, 그것은 무엇보다도 이 기막힌 기술주의, 소비주의 시대에 대한 비판적인 현실인식을 전제로 하고 있는 작업이라는 것을 이해할 필요가 있다.

여기서 중요한 것은 기억의 사실성이 아니다. 시인이 보여주는 회상의 내용이 과연 사실적인 근거에 입각한 것이냐 아니냐를 따지는 것은 무의미한 일이다. 꿈꾸는 사람의 꿈꾸는 방식에는 행복의 경험을 향해 나아가는 특이한 더듬이가 있다. 그러므로 회상의 과정에 생략과 왜곡 또는 과장이 개입되는 것은 피할 수 없는 일이다. 그리고 그러한 생략과 왜곡과 과장이야말로 제거되어야 할 어떤 것이 아니라 사람의 그 어떤 것으로도 대체할 수 없는 독특하고 도 신비스러운 생명활동의 생생한 혼적으로 읽혀야 옳을 것이다.

그러나 무엇보다도 시적 회상의 가장 큰 특성은 그것이 과거에 대한 개인적인 취미나 열정이 아니라 현재와 미래 에 대한 관심과 발언이라는 것이다. 시인은 미학적 조화에 예민한 사람이다. 그는 다른 어떤 고려에 앞서서 사물과 세상과 인심의 아름다움과 추함에 날카롭게 반응하고, 이 것이 그 자신의 도덕적인 감수성과 정치적인 상상력의 실 질적인 내용을 이룬다. 시인에게 있어서 심미적 욕구는 그 의 도덕적, 정신적, 정치적 욕구와 분리되어 있는 것이 아 니다. 무엇을 아름다운 것으로 기억하느냐 하는 것은 미적 판단이면서 동시에 그렇게 기억하는 사람 —— 그리고 그것 을 받아들이는 사람 —— 의 도덕적, 정치적 관심을 드러내 는 것이다.

그러한 관심은 개인의 일회적이고도 독특한 삶의 반영인 만큼 불가피하게 하나의 편견이 될 수밖에 없을 것이다. 이 편견은 사람의 어쩔 수 없는 한계로서 끊임없는 정치적 조정을 필요로 하는 것이지만, 동시에 인간다운 삶에 없어 서는 안될 영원한 매력과 신비의 원천이라고 할 수 있을지 모른다. 어떻든 시에 있어서 중요한 것은 사실성의 문제도 아니고, 시인의 시적 회상의 내용과 그 암시적인 메시지가 갖는 편향성의 문제도 아니라는 것은 길게 말할 필요가 없 다. 우리가 물어보아야 할 좀더 의미있는 질문은 시인의 회상이 얼마나 진정한 감정으로 이루어졌느냐 하는 것일 것이다.

심호택의 첫시집 『하늘밥도둑』은 일찍이 시인 백석(白石)이 보여준 것과 본질적으로 같은 방식으로 '기억의 미학'을 재현하는 데 성공한 것으로 보인다. 시인 이시영은 이 시집을 예컨대 작가 이문구의 『관촌수필』의 성과에 비교할 만하다고 말하였지만, 이러한 평가가 실제로 가능한 것은 『사슴』이나 『관촌수필』에 못지않게 심호택의 첫시집을 떠받치고 있는 근본감정의 진실성 때문일 것이다.

　이미 삶이란 고통이라는 것을 몸으로 체득한 나이인 사람의 귀향에 새삼스러운 흥분이 수반되기는 어려운 법이다. 더욱이 시인 백석의 시대에서는 상상하기도 어려웠을 물리적, 문화적, 생태적 파괴가 이 나라의 모든 '고향'을 뿌리로부터 망가뜨린 다음의 세월이 아닌가? 심호택은 그의 첫시집에서 실제로 물리적인 귀향을 시도하는 몇편의 작품을 보여준다. 그러나 그 시도는 참담한 비애와 고통을 낳을 뿐이다. 다만 그것이 우리의 영혼을 들어올릴 수 있는 순간으로 발전하는 것은 그 고통의 귀향체험이 인간다운 소박한 삶을 불현듯 상기시켜주는 계기로 작용할 때이다. 요컨대 첫시집에서 시인 심호택의 진정한 성취는 그의 귀향이 기억 속으로의 귀향이 될 때이고, 그 자신의 현실적 비애와 고통이 크면 클수록 그 기억작용은 한결 더 집요한 것이 되고 절실한 것이 된다. 사람이 물에 빠지면 살아나기 위해 본능적으로 팔다리를 움직이듯이 시인은 '익사'를 면하기 위하여 본능적으로 기억 속의 유토피아로 들어가는 것인지도 모른다.

　그러나 그러한 기억 속의 귀향이 단순한 현실도피이거나 복고취미의 발현이 아니라는 것은 말할 필요가 없다. 시인 자신이 "흘러간 시냇물은 물레방아를／돌릴 수 없다고 사람들은 말하지만 / (…) / 푸른 하늘 아래 수없는 들판 건너 / 마음의 물레방아를 돌리러 / 오늘도 흘러간 시냇물은 오네"(「흘러간 시냇물은」)라고 말한다. 여기서 다시 흘러오는 시냇물에 관한 언급은 물론 시적인 공간, 심리적인 시간의 이미지에 기초하고 있다. 이것은 현실을 외면하는 이미지가 아니라 현실을 묻고 비판하는 이미지이다. 왜냐하면 여기서 시인의 온 주의력을 끄는 것은 자기 자신 속에 '갇혀 있는' 온갖 생명과 자연이며, '짐승들의 안부'가 무척이나 궁금하게 느껴지기 때문이다. 이것은 굶주림과 억압과 고달픈 노동이 불가피하게 존재하는 어떤 인간공동체의 이미지이다. 그러나 그것은 불모의 기술시대에 인간 그 자체가 제거당하고 있는 가공할 현실과는 비교할 수 없이 근본적으로 건강한 인간공동체의 모습이라고 할 수 있다. 고향의 이미지에 바쳐지고 있는 심호택의 첫시집에서 시도되고 있는 것은 결국 모든 진정한 문학과 예술의 항구적인 주제였다. 다시 말해, 그것은 '빵만으로 살 수 없는' 인간에 대한 관심 —— '인간이란 무엇인가'라는 물음을 다시 제기하는 일이었다.

그런데 이번에 나오는 심호택의 두번째 시집은 첫시집에서 드러나는 것과는 상당히 다른 진행과정을 보여주고 있다. 간단히 말하면, 첫시집이 구조적으로 초점이 있는 세계였다고 한다면 이번 시집은 구조적인 통일성이 결여되어 있을 뿐만 아니라 상당한 혼란을 드러내고 있는 것으로 보인다. '혼란'이라고 하였으나, 물론 두 시집 사이에 연속성이 존재하지 않는 것이 아니다. 오히려 단순히 일별하여 얻는 인상으로는 이번 시집은 첫시집의 연장선에 있는 것으로 볼 수 있을 만큼 시인의 독특한 말씨와 인품과 관심이 변함없이 느껴진다고 할 수 있다. 대개 '…겠지' '…하였지'라고 하는 부드러운, 단정을 짓지 않는 어미(語尾)의 사용으로부터 늘 적극적인 자기주장 대신에 안으로 감추고 삭이려는 태도에 이르기까지 얼핏 보면 달라진 것은 없다고 할 수 있을지 모른다.

게다가 외관상으로는 이번 시집은 여러 다양한 주제에 관계하는 작품들을 포함하고 있기도 하다. 가령 첫시집에서 그다지 두드러진 것이었다고 할 수 없는 정치적 언급, 현실참여적인 자세의 암시가 여러 곳에서 나타나고 있을 뿐만 아니라 시인 자신이 몸담고 있는 대학사회에 대한 풍자, 지식인으로서의 자의식, 자신의 시와 직분에 대한 염려——이러한 것들에 대한 관심이 많은 작품의 모티프를 이루고 있다. 관심의 다양화와 확대는 물론 좋은 일일 것이다. 그러나 이러한 표면적인 수준에서의 다양화가 무엇을 의미하고, 무엇을 잃고 얻은 것인지를 살펴보는 것이 정말 중요한 일일 것이다.

적어도 내게 이번 시집에서는 제5부에 실려 있는 작품들이 가장 읽을 만하고, 말하자면 분명한 초점이 있는 작품들로 보인다. 그런데 주목할 것은 바로 이 작품들은 첫시집 『하늘밥도둑』의 대표적인 작품들과 동일한 상상적 세계에 속한다는 사실이다.

제5부를 제외하고 다른 부분에서 볼 수 있는 작품들은 대체로 주어진 소재를 잘 소화하여 무리없이 엮어내는 시인의 평소의 기량에 변함이 없다는 것을 알려주고 있지만, 그렇다고 괄목할 만한 성취에 이르렀거나 기억할 만한 시적 공간을 창조한 것으로는 보이지 않는다. 이것은 유감스

럽지만 인정할 수밖에 없는 사실이다.

　물론 첫시집에서도 심호택은 적극적인 자기주장을 삼가는 특징적인 태도를 보여주었다. 그러나 거기에서는 그러한 태도가 구조적 일관성을 지탱하는 정신적 원리로 작용하고 있었다. 그런데 이번 시집에서는 그의 그러한 태도가 오히려 미지근한 정열, 철저하지 못한 물음 같은 것과 연결되어 있다는 암시를 주는 경우가 많은 것이다. 일일이 예를 드는 것이 번거로울 정도로 실제로 이러한 작품은 이번 시집에서는 전형적인 것이 되어 있다는 인상을 준다.

　가령 「김추록 선생의 양어장」이라는 작품에서 시인은 '가시수풀' 같은 세상을 살아가고 있는 어떤 지인(知人)의 고단한 삶에 주목하고, 온갖 역경에도 불구하고 '그래도 웃고' 있는 그이의 사람됨에 대해 언급하고 있다. 그런데 여기에서 시인의 시선은 거의 상투적인 수준의 동정심을 벗어나지 않고 있을 뿐만 아니라 마지막 구절, '당신은 그래도 웃고 있더군요'——이 구절 때문에 그나마 이 작품의 극히 산문적인 분위기에 약간의 시적 변용이 주어졌다고 할 수 있지만——에서는 너무나 쉽게 상황을 처리해버리고 마는 안이한 태도가 느껴지는 것이다. 시인의 시선이 상투성에서 해방되어 있지 못하고, 결론이 너무 쉽게 내려지고 있다라고 하는 것은 이 작품에서 새로운 언어를 발견할 수 없다는 것을 의미한다. 물론 우리는 여기에 그려진 인간경험과 그것에 접근하는 시인의 인간적인 마음씨에 공감을 느낀다. 그러나 그 공감은 시인 자신의 내면적 언어에 의하여 구체적으로 밀도있게 포착된 것이 아니기 때문에 단지 피상적으로 일반화된 공감의 수준보다 깊이있는 것이 되지 못한다.

요컨대 「김추록 선생…」을 포함하여 이번 시집의 많은 부분에서 우리가 느끼는 것은 사물과 경험의 내부로 시인이 들어가지 못하고 밖에서 겉돌고 있다는 인상이다. 번거롭지만 또하나의 예를 들어 얘기한다면, 가령 「자세히 보아라」에서는 대학교원이기도 한 시인이 언젠가 학생들을 '이끌고' 계룡산에 갔다가 그곳 여관의 창문을 열었을 때의 경관에 대한 느낌을 표현하고 있다. 그때 시인의 마음에 인상적이었던 것은 겨우내 '바윗덩이와 한통속'이던 얼음장이 봄기운에 녹아서 물이 되어 흐르는 모습이었다.

  무엇인가
  쓰러지고서야 봄이 온다
  나는 그 순환을 응시한다

  지극히 평범한 본문에 뒤이은 이러한 결론부분으로 인하여 이 작품이 어느 정도의 시적인 생채를 얻고 있다고 할 수 있다. 그러나 이 결론부분이 어떤 시적 발견을 드러내고 있기는 하지만, 역시 진부한 표현이라는 것을 우리는 느끼지 않을 수 없는 것이다. 다만 여기에서 새로운 것이 있다면 그것은 '그 순환'이라는 말이다. 시인은 '그 순환'을 응시한다고 말한다. 그러나 이것이 실질적으로 의미있는 말이 되자면, 이러한 막연한 철학적 뉘앙스를 풍기는 수준에서 멈출 것이 아니라 '그 순환'의 내부로 들어갈 필요가 있지 않은가? 성급한 판단일지 모르지만, 내가 보기에 그러한 좀더 철저한 탐구가 이루어지지 못한 까닭은 계룡산으로 학생들을 '이끌고' 갔다고 말하는 교수 ─ 시인의 언어 표현과 관계가 있는지도 모른다. 우리의 해묵은 언어습관은 권위주의 사회에서 오래 살아온 우리의 인간 및 세계관을 반영하고, 우리의 도덕적 상상력의 틀을 규정한다. 이것을 묻는 노력과 정열이 약할 때 우리의 삶도, 예술도, 문화도 생기를 찾기는 어려울 것이다. (이런 문제를 떠나서 현실적 체험에 대한 충실성이라는 면에서 보더라도 선생이 학생들에게 이끌려간다는 것이 좀더 맞는 얘기가 아닐까?)

「옥정리 가는 길」이나 「예쎄닌」과 같은 작품에서도 사정은 본질적으로 마찬가지다. 여기에서도 새로운 시적 발견이나 시적 긴장이 드러나기보다는 단순히 한 사람의 선량한 마음이 별다른 전략 없이 토로되어 있을 뿐이다. 이웃을 위해 헌신하고 조국을 위해 희생한 선배시인들에 대한 그리움과 추모의 감정이 나쁘다는 것이 아니다. 그러나 그러한 감정의 소박한 확인이 곧바로 인간적 진실의 깊이까지 꿰뚫고 들어갈 수 없는 것은 분명한 일이다. 요컨대 그러기 위해서는 어떤 철저한 물음을 통한 정신적 돌파력이 있어야 하는 것이 아닐까? 어떻든 철저한 물음의 결핍이야말로 심호택의 이번 시집의 결정적인 약점을 초래하는 근본원인의 하나일지도 모른다. 예를 들어, 몸이 부자유스러운 사람들이 유기농 농사일을 하면서 모여 살고 있는 어느 원불교 기관을 방문한 경험을 그린 작품 「자선원 1」에서도 우리는 시인의 어정쩡한 태도에 마주친다.

    원불교 자선원에서
    토마토 사갖고 나오는데
    모르는 사람이 인사한다

(…)

마당 쓸던 빗자루 멈추고
합장하고
머리 조아리며 웃음짓는다

(…)

하지만 형제여 나는
발등에 불덩이가 못내 뜨거워서
신도가 아니란다 계율을 잘 몰라서
나팔꽃 벙글어 찬란한
유월의 아침이 부끄러워서
얼른 맞절하고
너희네 마당을 빠져나온단다

  시인이 여기서 '부끄러움'을 느끼는 심리적 곡절은 이해
할 만하다. 육신이 멀쩡한 중산층 지식인인 그는 자신의
가족을 위하여 이른바 '무공해 야채'를 구해볼 요량으로 이
곳을 방문하였는데 느닷없이 여기서 (단순한 고객에 대한
것과는 전혀 다른) 지극한 긍정의 표시에 맞닥뜨린 것이
다. 우리는 여기서 매우 예민하게 반응하는 시인의 감수성
을 읽을 수 있고, 그러한 감수성이 어떤 인간적인 양심에
연결되어 있음을 느낄 수 있다. 그러나 이러한 상황으로부
터 '계율을 잘 몰라서'라는 둔사(遁辭)에 의지하면서 서둘
러 벗어나오려는 그의 마음의 움직임에는 어딘가 사태를
정직하게 맞대면하기를 꺼리는 소심한 태도가 엿보이는 것

이다. 게다가 마지막 구절의 끝말 '나온단다'가 주는 약간 경박한 울림은 이 상황에서의 시인의 '부끄러움'의 강도를 약화시키고 있다. 어떤 점에서는 조금 우스꽝스럽게 느껴지는 '계율을 잘 몰라서'라는 말과 함께 이 마지막 구절의 처리방식은 이 작품이 '자선원'이라는 독특한 인간동동체와의 만남을 골똘하게 들여다보는 대신 단지 그것을 빌미로 하여 시인 자신의 개인적인 자의식을 드러내는 수단이 되게 하는 데 크게 기여하는 것으로 보인다. 이것은 첫시집에서 이 시인이 일관되게 보여준 태도와는 상당히 동떨어진 모습이라고 할 수 있다.

아닌 게 아니라 이번 시집에서 두드러진 것은 개인적 자의식이 시의 표면으로 자주 나타난다는 점이다. 이것은 특히 한 사람의 시인으로서 자기 자신의 사회적 자아를 의식하는 모습을 보여주는 여러 작품들에서 분명하게 볼 수 있다. 그러니까 첫시집을 전체적으로 물들이고 있는 '순진한 의식'이 이번 시집에서는 '사회적 자아의식'으로 대체되어 있는 셈이다. 그리하여 심호택은 여기저기서 새로운 시를 위한 고민과 운산(運算)에 마음을 쏟기도 하고, 시인됨의 어려움과 책무를 의식하며, 때로는 자기도 모르게 자신의 시적 재능이나 사회적 비중 따위에 마음을 기울이는 것이다. 그 결과 어느덧 이 맑은 시인의 마음에는 구름이 끼이기도 하고, 불안과 초조함이 깃들이기도 한다.

시인 심호택이 곤혹스러운 마음의 갈등을 내비치는 이유가 구체적으로 무엇이건 그것이 그의 시와 관련된 세속적 욕망에 관계되어 있다는 암시는 여러 곳에서 보인다. 아마도 「최대의 풍경」이란 시는 이 시인을 지금 괴롭히고 있는 것이 무엇인가를 한결 분명하게 짐작할 수 있게 하는 작품

중의 하나일 것이다.

　　내가 마음의 스승을 찾아간 날은
　　어느 숨막히는 가을날
　　말없이 뜰을 거닐던 그는
　　손을 들어 먼 산줄기를 가리켰다
　　보세요, 저기 차령산맥을——
　　저와 같이 내달려 마침내 고군산으로 빠지지요
　　거기 몇 개의 섬을 이루지요
　　이십세기 수백 수천의 시인 가운데
　　발레리를 비롯한 몇 사람이나 살아남겠으며
　　그러니 어찌 무서운 일이 아니겠는가
　　나이 육십에 나는 문학을 새로 시작하지요
　　잠자코 그의 말을 들으면서 나는
　　바라보고 있었다 저 멀리
　　운무에 싸인 푸른 능선들이 남으로 가고
　　부끄러움에 눈을 떨구니
　　벚나무 잎새가 발등에 와서 닿았다

　무엇이 부끄럽다는 말인가? 문학은 언제나 누구에 의해
서나 새로 시작되는 것이 아닌가? 그것을 심호택이 모를
리 없다. 그럼에도 불구하고 그가 부끄러움을 느낀다고 고
백하는 것은 '수백 수천의 시인 가운데' 살아남기를 꿈꾸는
선배 시인의 말에 그 역시 공감하기 때문이며, 그러한 공
감은 불후의 명성을 탐하는 어떤 욕망에 자기도 모르게 감
염되어 있기 때문인지도 모른다. 시인이 시를 쓰는 것이
살아남기 위한 욕망 때문인가 어떤가 하는 것은 우리가 대

답할 수 없는 문제이다. 그러나 여기서 주목할 것은 어떻든 이러한 문제에 대한 흥미는 많은 경우 시인으로 하여금 쓸데없이 복잡한 상념에 시달리게 하고, 순진한 정열과 마음의 강렬성을 잃어버리게 한다는 점이다. 그러나 '벚나무 잎새가 발등에 와서 닿는' 것을 문득 느끼는 시선은 아직 이 시인의 영혼이 사회적 명성 같은 것에 대한 유치한 관심으로 더럽혀질 수는 없다는 것을 암시해주는지도 모른다.

그의 첫시집에서 보여준 약속대로 심호택의 본령은 역시 아무래도 공동체의 유기적인 삶을 환기하는 데 있음이 분명하다. 그것은 이번 시집에서도 그러한 경험을 다루는 마지막 부분이 가장 기억할 만한 성과를 거두고 있는 점에서도 확인할 수 있다. 무엇보다도 이런 계열의 작품에서 우리는 그의 언어가 가장 자연스러움을 유지하고 있음을 보는데, 이것은 시인이 여기서 가장 큰 자유를 느끼고 있다는 것을 단적으로 말해준다.

닭들이 뒤척이는 소리가 들리고, 사랑방의 할아버지 글 읽는 소리 들리던 어린 시절의 평화를 반추하는 작품 「그날의 평화」의 끝이 "그 다음부터다/세월이 소스라치며 달아난 것은"이라고 마무리될 때, '소스라치며'라는 말 한마디는 이 작품에 비상한 생기를 단박 불어넣어주고 있을 뿐만 아니라 지난 수십년의 우리의 보편적인 체험에 비추어 매우 적절한 느낌을 주는 것이다. 또 「남의 살」이라는 작품에서, 가난하던 시절의 회상 속에 "곤쟁이젓 한점/그 잘난 것/밥숟갈에 얹으며 어머니는 말하셨다/남의 살이 뭔지/이것도 남의 살이라고/밥이 막 담박질하면서 넘어간다야──"라는 어머니의 말투가 고스란히 되살아날 때,

이 진실로 생기있는 표현은 어떤 살아있는 문화를 상기시켜주기에 충분하다. 그리고 이런 대목들을 통해 우리는 특히 심호택의 시인으로서의 진정한 밑천, 즉 그의 말에 대한 살아있는 지식과 감각은 대부분 여기서 보는 것과 같은 그의 어머니나 할머니 또는 고향 마을 사람들 속에 뿌리를 두고 있는 것임을 쉽게 감지할 수 있다. 나아가서 그러한 고향 마을의 언어는 오랜 세월에 걸친 농업 중심의 '흙의 문화' 속에서 배태되고 발전되어 왔던 것이라는 것은 길게 말할 필요가 없다. (기계에 대하여 인간을 근본적으로 옹호하려는 문학적 노력에 있어서 그 언어가 농업문화에 기초한다는 것은 따져보면 당연한 일이며, 실제로 모든 진정한 시인과 작가는 의식하든 않든 농업적 삶에 근거하는 언어에 궁극적으로 의존하고 있다.)

실제로 심호택은 자신의 세계에서 가장 인간다운 부분이 어떤 식으로든 농경문화에 뿌리를 둔 것임을 잊지 않는다. 철부지 중학생 시절을 회상하는 작품 「군산중학교」의 말미에서 시인은 자신의 사람됨의 원천에 생각이 미치고 그것을 이렇게 표현한다.

나는 믿는다
오늘의 황량한 바람 속에
한톨의 사람다움이 내 안에 있다면
그때 거기서 얻은 거라고

여기서 눈에 띄는 것은 사람다움에 관한 언급이 굳이 '한톨'이라고 하는 농경적 이미지의 뒷받침을 받고 있다는 점이다. 아마도 이런 이미지는 모든 생명체들과 인간의 운명을 동등한 상호의존관계로 늘 파악해온 농업공동체의 전통을 떠나서 상상하기 어려운 것일 것이다. 사람이 살기 위해 먹는 쌀 한톨 한톨은 결국 하늘의 것이며, 그것을 양식으로 함으로써 우리가 늘 하늘의 보살핌 속에서 삶을 영위한다고 할 때, 그러한 근원적인 관계에 대한 인식능력은 사람됨의 가장 근본적인 전제조건을 이룬다고 할 수 있다.

삶의 근원적인 존재방식에 대한 환기는 아마도 오늘날 우리가 시인들에게서 기대할 수 있는 가장 값진 선물일지 모른다. 심호택은 그의 첫시집에서처럼 이번 시집에서도 이러한 선물을 더러 준비하고 있다. 「나숭개밭」이라는 작품은 흥미로운 얘기를 담고 있다.

할머니 말씀은 노상
노다가 목 마르거든 옥순네 집으로 가거라——
물으 한 그릇 청해 주시오 하거라——
그 말씀이 마냥 가소로왔다
해해해
싫어 싫어 청해 주는 게 또 뭐여!

'물으 한 그릇 청해 주시오'라는 말은 이 작품 속의 소년이 생각하듯이 물론 넌센스가 아니다. 여기에는 사람이 물을 제마음대로 다룰 수 있는 것이 아니라는 깊은 통찰——그러니까 사람이 물을 얻어먹기 위해서는 첫째 물의 마음을 헤아려 삼가 청을 드릴 필요가 있다는 생각이 들어 있는 것이다. 이것은 할머니 한 분의 생각이 물론 아니다. 우리는 이러한 생각을 샤머니즘의 찌꺼기로 간주하고 간단히 넘어가는 어리석음에 너나없이 빠져 있지만, 실로 어리석은 것은 우리들 자신이지 이 할머니들이 아니다. 온갖 생명과의 공생관계에 대한 본능적인 인식, 모든 생명은 마음을 가지고 있다는 통찰——이러한 것은 진정으로 건전한 인간의 삶을 위해 필수적인 전제조건이라는 것을 이제 우리는 심각한 생태적 위기의 시대에 이르러 간신히 알아보기 시작하고 있는 것이 아닌가? 오늘날 우리가 경험하는 가공할 정도의 도덕적 붕괴현상은 본질적으로 생태적 파괴와 직결되어 있다. 생존의 기초 중의 기초인 생태적 기반을 끊임없이 허물어뜨리면서 그 대가로 주어지는 낭비와 '풍요'를 발전이며 진보라고 생각하는 믿음이 활개를 치고 있는 세상은 분명 정신이상의 세계이다. 인간은 자연의 일부이기 때문에 아무리 이것을 진보와 발전이라고 주장하는 논리가 우세하더라도 산업문화란 본질적으로 인간본성에 반한다는 것을 우리의 영혼은 예민하게 느끼고 있는 것이다.

이제 사람다운 소박하고 위엄있는 삶의 사회적 기초라 할 수 있는 '흙의 문화'는 돌이킬 수 없이 사라지고 있지만, 그러나 우리가 사람다운 삶에 대한 근원적인 충동을 제거할 수 없는 한, 어떤 형태로든 새로운 순환적 농업문화의 복원을 꿈꾸지 않을 수 없을 것이다. 오늘날 참다운 인간적 삶을 옹호하려는 모든 인문적, 예술적 노력은 '흙의 문화'의 새로운 가능성을 모색하는 데 그 창조적인 열정을 집중할 수밖에 없게 되었다. 우리의 인간다움의 마지막 근거는 결국 '흙'을 떠나서는 존재하지 않기 때문이다. 시인 심호택의 성공적인 시편은 우리에게 이러한 문제를 다시 근본적으로 생각하게 하는 계기를 제공하고 있다. 인간이란 무엇인가라는 질문이 결코 탕진될 수 있는 물음이

아니듯이 이러한 문제도 끊임없이 되풀이되어 추구되어야
할 주제이다. 심호택의 작업이 좀더 집중적인 것이 되어
우리의 문화 속에 뜻있는 발언이 되기를 바란다.

후   기

　단순하고 쓸쓸한 풍경에 나는 집착해왔다. 혹은 그와 같이 만들어놓고 바라보기를 좋아했다. 그 일만으로 대단한 문학이 아닌 줄은 알지만.

　두번째 시집이다. 광주며 빠리며 그런 도시에서 따라온 것들도 섞여 있다. 사소한 세상사가 이미 기적이라 잊을 수 없는 일마다 최대의 풍경이다.

　올해는 마침 엘리엇의 고향에 와 있다. 다음 책의 제목은 써놓았다. 미주리의 봄.

　그 봄이 깊은들 얼마나 깊을까마는. 졸고를 간추려준 벗들과 재차 수고를 맡아준 창비에 감사드린다.

1995년 5월

심　　호　　택

창비시선 135

최대의 풍경

초판 1쇄 발행 / 1995년 5월 2일
초판 2쇄 발행 / 2022년 9월 2일

지은이 / 심호택
펴낸이 / 강일우
펴낸곳 / (주)창비
등록 / 1986년 8월 5일 제85호
주소 / 10881 경기도 파주시 회동길 184
전화 / 031-955-3333
팩시밀리 / 영업 031-955-3399 편집 031-955-3400
홈페이지 / www.changbi.com
전자우편 / lit@changbi.com